ESSAY DV SIEVR
BARDIN
SVR
L'ECCLESIASTE
DE SALOMON.

A PARIS,
Chez IEAN CAMVSAT, ruë S.
Iaques, à la Toiſon d'or.

M. DC. XXVI.

Auec Priuilege du Roy.

VOYANT cét Essay entre les mains de quelques vns, & desiré de plusieurs autres, i'ay creu que l'Autheur, qui me l'auoit aussi donné franchement, ne seroit point marry que ie le communiquasse à tous en son absence. Et d'autant que la Lettre suyuante contient les sujets qui l'ont porté à vne entreprise si glorieuse, que de seruir à Salomon, comme il veut faire, i'ay estimé à propos de la mettre deuant l'Essay.

LETTRE ESCRITE
à Monsieur le Baron
DE S. SVRIN,
QVI PEVT SERVIR
d'Argument à l'Essay.

ONSIEVR,

Ayant esté trompé en l'esperance que l'on m'auoit donnée de vous voir à la Cour, lors que le Roy faisoit sejour à Fontaine-bleau; ie suis contraint de vous entretenir par celle-cy, de crainte qu'vn trop long silence ne me rende in-

digne de voſtre ſouuenir. Ie ſçay bien
que pour mieux conſeruer voſtre eſprit
dans ſes bonnes penſées vous vous te-
nez loin de la foule, que cependant que
nos Courtiſans s'amuſent à ce qui eſt
à l'entour d'eux, comme à leurs richeſſes, à leurs pompes, & à leurs hôneurs,
vous regardez ſeulement ce qui eſt à
vous & dans vous meſmes, & que ce
ſeroit vn crime de vous empeſcher la
parfaite ioüyſſance d'vn ſi grand bien:
Auſſi ne vous enuoye-je rien qui vous
en puiſſe diuertir, puiſque apporter vn
ſujet de meditation à vn Hermite, n'eſt
pas troubler le repos de ſa ſolitude. Et
ſi dedans ceſte vie retirée vous admet-
tez à voſtre conuerſation, comme il eſt
croyable, les genies de ces grands hommes du paſſé, dont les vns ont ſi bien
parlé de toutes choſes, & les autres
nous ont eſclairé par tãt de rares exemples de vertu : ie ne puis m'imaginer

que vous refusiez l'entrée à celuy que
ie vous adresse, & que vous ne luy dõ-
niez la meilleure place en la troupe de
ces graues & serieux personnages.
Afin de vous y obliger, ie ne veux pas
comme ceux qui marchent deuant les
Monarques crier à haute voix, C'EST
LE ROY: il me suffit pour luy faire
rendre des honneurs iusques à l'ado-
ration de vous dire que, C'EST LE
SAGE. Il faut aduoüer franchement,
quoy que ce soit à la honte de nostre
siecle, qu'il y a maintenant fort peu
d'hommes que nous deuions estudier:
& lors que quelqu'vn desire se garantir de la contagion du vice, & de la
foiblesse des ames vulgaires, il est forcé
de recourir à ce que la memoire nous
conserue des actions & des pensées de
ces purs & solides esprits des aages
plus heureux que le nostre, pour y prē-
dre le modele d'vne vie bien reglée.

C'est vn sujet dont Salomon a fait autrefois vn de ses plus chers entretiens:
il l'a traitté de telle sorte que la gloire
de sa condition ne fut iamais si grande
que celle qu'il s'est acquise par ce moyen
là : & n'en desplaise à la suffisance
Grecque & Latine, elle n'y fait que
bégayer au prix de ce Roy qui en parle
auec vn ordre si admirable, & vne si
rauissante eloquence. Ses œuures sont
pleines des aduis de la Prudence, les
sentimens que l'on y remarque sont
ceux-là mesmes de la Sagesse, & ses
paroles les saincts oracles de la Verité.
Toutes ces merueilles sont particuliere-
ment déployées en son Ecclesiaste :
aussi ne les pouuoit-il mieux estaler
que dans le tableau de sa vie, & de celle de tous les autres hommes. La gene-
rosité de son naturel qui paroist en la
narration de toutes les choses à quoy il
s'est adonné, & dont il a esté abusé; les

obseruations curieuses qu'il y fait de la folie de tout le monde, & les moyens qu'il enseigne pour se desembarasser des sottes passions qui nous entrainent çà & là, sont des considerations qui me portent à vne admiration continuelle de ce miracle des liures. Vous sçauez iusques à quel poinct ie l'ay tousiours aymé, & combien de temps il y a qu'en ayant commencé vne paraphrase, feu Monsieur de Hautefontaine me persuada de la continuer; ce que ie fis, non pas tant à cause de l'approbation de son iugement que i'estimois autant que d'homme du monde, qu'afin de ne luy refuser rien, tant i'estois soigneux de conseruer son amitié. Mais comme la paresse qui est mon essentielle proprieté me fait contenter de mes proiets, & saoule mes desirs (qui ne tendirent iamais à la reputation) de la seule idée de mes ouurages, pourueu

que i'en aye par vne forte impreßion en
mon eſprit conceu le ſujet, l'ordre, & la
façon: Si toſt que ie fus arriué au hui-
ctieſme chapitre, i'abandonnay ce trauail où ie m'employois ſeulement pour
ma ſatisfaction particuliere; & quelques vns de mes amis m'en ayant de-
mandé des copies, ils reconnurent auſſi
toſt ma franchiſe accouſtumee à leur
rendre communes toutes les choſes que
ie poſſede. Ce fut ſans les obliger à tenir pour piece de cabinet ce dont ie ne
faiſois pas grande eſtime: traitant tou-
jours de bonne foy, où ie ne donne rien,
ou ſi ie donne quelque choſe, c'eſt ſans
reſerue & ſans condition. Ils en vſe-
rent auſſi comme il leur plût, voire de
telle ſorte, qu'en peu de temps l'employ
de mon eſprit fut l'occupation de pluſieurs autres, qui en firent iugement ſe-
lon qu'il leur ſembla bon, & dont ie ne
voulus prendre le ſoin de m'informer,

puiſque ie n'auois pas trauaillé pour
eux. Or, MONSIEVR, ie ne vous ce-
leray point que i'ay eu de tout temps
vne extreme auerſion pour ceux qui
entreprennent des combats à la plume;
que i'eſcoute beaucoup plus volontiers
que ie ne parle, quand meſme ce ſeroit
pour la defenſe de mes propres inte-
reſts ; & que mis entre la gloire qui ſe
gaigne auec du trauail, & vne vie
exempte de ſoin & inconnuë, ie me
laiſſerois auſſi toſt couler ſans bruit à
celle-cy, qu'ardemment tranſporter
deuers l'autre. Toutesfois il eſt veritable que dans mon train ordinaire de
viure, où ie n'affecte ny le grand iour,
ny les tenebres, quand ie reconnois que
quelqu'vn preſumant que ie viſe à
l'honneur vient malicieuſemẽt ſe mettre au deuant de moy, ie m'eſmeus aſ-
prement & fierement à l'encontre.
C'eſt vne paſſion dont ie me ſuis ſenty

aucunement touché, lors qu'on m'a dit
que voyant comme i'auois applany les
passages difficiles de cét autheur, plus
frequens icy qu'en nul autre de ses œuures , quelqu'vn vouloit se seruir de
l'étoffe de mon Liure, sous esperãce de
la faire mécognoistre, en la taillant &
enrichissant plus curieusement que ie
n'auois fait: estãt biẽ vray que ie m'ar-
reste tousiours apres la premiere esbau-
che, assez content si la matiere est bonne de soy, & iugeant vne peine mal
employée à l'embellir si elle ne vaut
rien. I'auois donc resolu de preuenir les
intentions que l'on eust peu auoir sur
ce sujet par la publication de ma paraphrase ; mais ma conscience n'a pas
voulu consentir à l'execution de ce des-
sein, sçachant bien, quoy que ie l'eusse
caché à tout le monde, que ceste action
n'eust esté qu'vne pure contestation de
vanité, en quoy ie me fusse monstré in-

iurieux interprete de Salomon, luy
preſtant des paroles pour s'eſcrier contre ceſte folle paſsion que i'euſſe ap-
prouuee & recelee en effect. D'ailleurs
i'ay conſideré qu'il y auoit vn grand
nombre de Paraphraſes de ce meſme
Liure en toutes langues, que neantmoins ie vous proteſte n'auoir iamais
voulu regarder, afin d'eſſayer ſi ie
pourrois rencontrer auec l'explication
de quelqu'vn des interpretes de la bonne & vieille trempe: & partant qu'en
cela ie ne ferois rien ſans exemple, &
dont pluſieurs n'euſſent eu deſia les
oreilles battuës. De ſorte que ie me
ſuis propoſé vn autre deſſein, & laiſſant preſque toutes les pieces dont ie
m'eſtois ſeruy en mon premier ouurage, ie veux faire maintenant vn edifi-
ce tout neuf. Ie vous en enuoye le fron-
tiſpice que ie viens d'acheuer, croyant
que par les pierres d'attente qui y tien-

nent, vous pourrez facilemēt iuger du
projet que ie fais pour le bastiment en-
tier : & là dessus ie vous coniure par
la gloire de ce Roy pour qui ie trauaille, de peser vn peu ce que ie vay vous
representer, afin de m'en donner aduis
auec toute liberté, si vous daignez en
prendre la peine. C'est, MONSIEVR,
que par vn presentiment des opinions
du public , il me semble que i'entens
desia quelqu'vn dire qu'il n'appartient
qu'à vn homme qui a, ou peu s'en faut,
vne aussi parfaite cognoissance du mõ-
de qu'auoit Salomon, de mettre la main
à cét œuure ; & qu'au reste il importe
pour la dignité du sujet, qu'on le trait-
te auec des paroles riches & non communes. Pour ce qui touche le premier
poinct, il est vray que i'ay eu beaucoup
plus de commerce auec des personnes
de condition mediocre, que de cõdition
releuee : mais par la conference des vns

auec les autres , autant que i'en ay eu
de connoiſſance, i'ay remarqué que cō-
me vn nain porte la forme entiere de
l'homme tout de meſme qu'vn geant,
ainſi l'on reconnoiſt de pareilles agita-
tions aux eſprits des Princes & des
particuliers ; que les vices entrent en
ceux-là par les meſmes defauts qui ſŏt
en ceux-cy ; & que la Philoſophie mo-
rale auec toute ſa vertueuſe ſuite ſe
trouue auſſi bien logee en vne vie pri-
uee qu'en vne publique & eſclatante,
n'y ayant rien de diſſemblable ſinon
qu'icy elle regarde ſur la ruë & aux
grandes places , & en l'autre elle n'a
ſa veuë que ſur la court ou ſur le iar-
din. Et en effect depuis que la terre noſtre mere commune a eſté contrainte de
ſouffrir vn partage inégal de ſes biens
pour ſes enfans, & que ſes richeſſes
qui eſtoient publiques ont eſté conuer-
ties à l'vſage d'vn petit nombre d'hom-

mes, la Fortune a estably diuers rangs
parmy eux : Mais la Sagesse qui ne
fait point de difference de l'or, de la
soye, & de la pourpre des riches, d'a-
uec les haillons de la pauureté, ne va
point deuers les vns plustost que deuers
les autres. Pour basse qu'ait esté la
naissance de Socrate, elle ne l'en a pas
moins chery: Et l'Empire de Rome entre les mains d'Heliogabale n'a pas
empesché qu'il n'ait esté le plus fol per-
sonnage de son temps. Ie puis donc ce
me semble entreprendre de parler de
la vie des hommes en general : i'en ay
assez connu pour y manquer aussi peu
que ceux qui trouuerent la vraye grã-
deur d'vn Colosse par la mesure de
l'vne de ses parties. Quant aux orne-
mens du langage que ie baille à Salomon ie m'en trauaille encore moins : il
est vray que ie ne le fais pas marcher en
equipage de Roy, & de Roy le plus

magnifique qu'on ait iamais veu, mais
il se despoüille en ceste œuure de toute
sa pompe, afin de parler en homme pri-
ué. L'eloquence des premiers siecles
estoit masle, & quand les Poëtes nous
feignent qu'apres Mercure on en fit
Minerue la gardienne, ils luy baillent
aussi tost des armes, afin de monstrer
que pour estre passée d'vn sexe en l'autre, elle n'a perdu rien de sa vigueur:
auiourd'huy celle de la plus grande
partie des nostres est toute femelle; on
la mignarde, on la polit, on la frise,
& la charge-t'on de fard, mais qui
tombe en peu de iournées. Pour moy,
ie me suis tousiours fort peu soucié de
l'empreinte de la monnoye, pourueu
qu'elle fust de bon aloy; & ie regarde
beaucoup plus à ce qu'il me faut dire,
que comment il le faut dire. Si est-ce
que ie veux en cela & en toute autre

chose laisser les opinions libres à vn
chacun, ainsi que ie desire que sans de
puissantes raisons, l'on ne vienne point
à choquer les miennes. Et puisque ie
m'expose en public, où ie tiens pour folie de n'estre pas vestu comme les autres; ie vous supplie de me dire auec la
franchise que vous m'auez tousiours
fait l'honneur de me témoigner, si vous
croyez que i'y puisse estre fauorable-
ment receu. N'apprehendez pas de
trouuer vn homme qui s'opiniastre
contre les conseils qu'on luy donne, ou
de me causer du repentir d'auoir pris
de la peine inutilement : C'est veritablement vn desplaisir, mais c'est le
seul qui demeure bien auec la raison;
outre que ie me détrompe plus gaye-
ment que ie ne me laisse aisément trom-
per. Comme ie ne sçaurois condam-
ner l'amour des peres enuers leurs enfans,

fans, tant difformes puiffent-ils eftre,
à caufe que la Nature leur defend de
les haïr, auffi ne puis-je approuuer le
contentement qu'vn homme reffent de
voir fes ouurages au iour, lors qu'on
luy en a fait reconnoiftre les defauts,
puifque rien ne l'oblige à les aymer.
Ie vous fupplie donc tres-humble-
ment, MONSIEVR, de me faire la
faueur de lire auec attention ce premier Chapitre que ie vous enuoye; &
fi ie fuis affez heureux pour meriter
en cefte piece voftre approbation, ie
continueray, efperant de voir dans
peu de temps l'acheuement de l'ouurage. Vous auez de l'intereft à em-
pefcher qu'vne perfonne qui vous ho-
nore fi parfaitement comme ie fais, ne
reçoiue de la honte en fes entrepri-
fes : & par le bon aduis que vous me
donnerez, vous m'obligerez encore

*plus estroittement à demeurer toute
ma vie,*

MONSIEVR,

A Paris ce 28.
de Iuin 1626.

Vostre tres-humble, & tres-
obeyssant seruiteur,

BARDIN.

PENSEES MORALES

SVR L'ECCLESIASTE DE SALOMON.

CHAPITRE I.

Vanité & misere de l'homme en ce qu'il trauaille incessamment: & que toutes choses trauaillent comme luy.

SECTION I.

'HOMME, ce rare & deli-cat ouurage des mains de Dieu, fut en la creation assorty

Vanitas vanitatum, & omnia vanitatem.

B ij

de ce qui eſt de plus beau dedans
le Ciel, & de ce que le monde contient de plus admirable. Il fut fait
pour eſtre le recueil & l'abbregé
de ce grand Vniuers : mais le Crea-
teur deſirant qu'en cette petite piece les merueilles de ſa puiſſance & de
ſa bonté paruſſent, rendit ſa condition beaucoup plus noble que celle
du monde. Car il mit vne certaine
neceſſité en l'action de toutes les
choſes, & leur preſcriuit vn ordre
qu'il leur eſt impoſſible de violer,
laiſſant l'homme en la libre diſpoſition de ſes mouuemens, & n'ap-
portant aucune contrainte à ſa volonté. Et afin que ce qui eſt en luy
de terreſtre & de corruptible ne vint
à s'eſleuer au deſſus de ce qu'il y in-
ſpira de diuin, & ne le ſoüillaſt de ſes
impuretez ; il luy donna la raiſon,
vray Soleil ſpirituel, capable de luy

découurir le chemin qu'il doit tenir
durant fa vie. Doncques par le viure,
le fentir, le mouuoir volontairement; par la force, la beauté, la vi-
ftefſe; par la voix & plufieurs autres
qualitez, il l'auoit rendu compara-
ble à toutes les creatures viuantes
que nous voyons : mais il le mit par
celle-cy hors du pair auec elles. C'eſt
par le moyen de la raiſon que l'hó-
me s'aſſujettit tous les animaux, c'eſt
par elle qu'il contraint les elemens
de feruir à fes neceſſitez ou à fes defirs, c'eſt elle qui porte fa puiſſance
fi haut qu'on diroit qu'elle luy efta-
blit vn throfne fur les cieux, tant elle
fçait bien le garantir de leurs mau-
uaifes influences; en fin c'eſt elle qui
le fait eſtre veritablement homme.
Il l'eſt toutesfois à certaine condition, & non point temerairement,
ny par hazard : car encores qu'il ayt

la raison en puiſſance, s'il ne la re-
duit en action, il ne merite pas vn ſi
beau nom. En effet nous ferions
vn outrage à la Nature, ſi nous ren-
dions ceſte faculté de noſtre ame
touſiours oiſiue : car elle ne nous a
point faict ſpectateurs de toutes ſes
richeſſes, elle n'a point expoſé deuant nous tant de choſes excellen-
tes en nous donnant le moyen de
les connoiſtre, ſans eſperer de noſtre curioſité vne viue & continuelle attention à les contempler. Iamais
elle n'euſt débroüillé tant de choſes
contraires, leur aſsignant des lieux
particuliers ; ſa Sageſſe ne les euſt
point rangées auec vn ordre ſi par-
fait, & ſa Prouidence ne ſe tien droit
pas comme attachée aux reſſorts de
ceſte grande machine, afin que ſes
mouuemens ne ſe déreglent point,
ſi l'homme n'en pouuoit pas eſtre le

tefmoin. Le defir de fçauoir doit
eftre doncques aufsi neceffairement
en l'homme, que le pouuoir d'acquerir la fcience y eft naturellemét:
& il eft impofsible de s'en difpenfer,
fans commettre vne faute que l'on
ne fçauroit pallier d'aucune legiti-
me excufe. Mais comme les fujets
des fciences font differens, il y a pareillement bien du choix entr'elles:
neantmoins il n'y a point lieu de
douter que felon qu'elles font vtiles
ou neceffaires, les vnes ne foient
preferables aux autres. De forte que
s'il y en a quelqu'vne par le moyen
de laquelle nous puifsions tenir en
bride nos pafsions, donner la tran-
quilité & le repos à noftre efprit, arriuer à ce bien fouuerain où tout
le monde afpire; c'eft à celle-la fans
doute que nos defirs fe doiuent non
feulement laiffer attirer mais tranf-

porter, noftre ame non feulement
appeller mais rauir ; & pour elle deuons nous employer toutes nos forces, puis qu'elle paye nos trauaux
d'vne fi belle & fi fouhaitable re-
compenfe. Toutesfois c'eft à quoy
les hommes penfent le moins, ils fe
donnent à toutes chofes, & à peine
peuuent-ils fe prefter à eux-mefmes:
Auſfi voyons nous que plufieurs
d'entr'eux apres vne longue fuite
d'années fortent du monde fans y
auoir vefcu, & fans auoir iamais pé-
fé pourquoy ils y eftoient venus.
Leurs plus beaux iours s'efcoulent
en la recherche des chofes vaines &
fuperfluës, leur efprit deuenu ferf de
leurs cõuoitifes par vne longue fub-
miffion de fa liberté reçoit la loy
qu'il deuroit donner, & leur raifon
engagée dans la preffe des fottes affections y demeure étouffée, ou du

moins fes forces s'y éuanoüyffent.
Cependant il n'eft pas difficile de
preuenir ces maux-la, nous en auons
les moyens dans nous-mefmes, &
nous poffedons vn threfor inefti-
mable, auec lequel nous pouuons
acquerir vne exemption de toutes
fortes de malheurs, vn empire abfolu deffus la Fortune, & vne entiere ioüyffance des felicitez immor-
telles.

Mais pour en venir à ce poinct, il
ne faut pas tenir le chemin battu de
tant de perfonnes, dont la couftume eft d'enuoyer toutes leurs pen-
fées au dehors, & de n'en faire aucune reflexion au dedans : car à la fin,
apres tous nos trauaux, nous ne
trouuerions que de la fumée en nos
mains. Le fouuerain bien ne doit
point eftre cherché ny dedans ny
deffus la terre, il ne faut point cou-

rir les mers pour aller à ſa conque-
ſte, encore moins eſt-il placé parmy
les eſtoiles, il loge dedans nous, ou
s'il n'y eſt, il eſt en noſtre pouuoir de
l'y faire venir. Que ſi nous laiſſons
gaigner noſtre eſprit à vne pareſſe
effeminée, ou ſi nous l'amuſons à
des pueriles entretiens, & ne luy dó-
nons pas vne occupation digne de
luy, nous ne ferons point de meilleure condition que les autres : mais
prenant la raiſon pour guide de nos
penſées & de nos actions, toutes
choſes nous ſuccederont à ſouhait.
Afin doncques de deſcouurir le lieu
où reſide ce bié ſouuerain que nous
deuons ſi paſſionnémét rechercher,
il faut ſoigneuſement conſiderer les
differentes voyes que les hommes
ſe propoſent pour y paruenir, de
peur que nous égarans auec eux, il
nous ſoit impoſſible de diſcerner

les apparences du faux bien, d'auec
les effects du bien veritable. Car
quoy que ce soit vne marque du
bien que d'estre l'obiet des desirs de
tout le monde , si n'est-ce pas vne
neceslité qu'il soit trouué & posse-
dé de tous : au contraire bien souuent les vices se déguisent , se far-
dent, & prennent vn faux masque
de vertu à quoy les hommes s'arre-
stent ; & deuenans comme enchan-
tez de leurs charmes, & enyurez de
leurs trompeuses delices, ils perdent
entierement leur liberté, & ne con-
noissent pas ny leurs chaines, ny leur
prison. Encor achettent-ils ce mal-
heur auec tant de tourmens d'esprit,
qu'on peut raisonnablement dire
que si leur but est vain & deceuant,
il n'y a pas moins de vanité aux moyens qu'ils tiennent pour y arriuer, &
qu'ainsi toutes choses sont vanité.

*Quid habet
amplius homo
de vniuerſo
labore ſuo quo
laborat ſub
Sole?*

Conſiderons les donc maintenant , & d'vn eſprit curieuſement
attentif obſeruons les mouuemens
de leurs volontez, & la conduite de
leurs entrepriſes. En quelque part
où nous puiſſions tourner nos yeux
ou noſtre penſée, nous y voyons des
hommes occupez à quelque trauail
du corps ou de l'eſprit; & comme ſi
la terre eſtoit vn lieu de ſupplice, il
n'y en a pas vn de ceux qui y demeurent qui ne ſouffre quelque geſne.
L'inegalité de la condition n'y aſ-
ſuiettit point les vns pour en exem-
pter les autres : ainſi que la Nature
aſſocie les pleurs à la naiſſance de
tous, elle ioint auſſi les douleurs à
leur vie. Que les grands ſe glorifient
tant qu'ils voudront de leur pouuoir; bien ſouuent l'eſclaue n'eſt pas
ſi puiſſamment aſſeruy ſous la do-
mination de ſon maiſtre , que le

maiftre l'eft deffous la tyrannie de
fes propres paffions. La neceffité
contraint quelques vns à la peine,
mais la volonté y en pouffe beaucoup plus d'autres ; & mefme il s'en
faut tant que l'oifiueté foit fans
trouble, que ceux qui en ioüyffent
ont l'efprit continuellement agité
de quelque efperance, ou fouffrent
impatiemment vn eftat fi languif-
fant. Ceux qui trauaillent ne font
pas tourmétez de moindres inquietudes : à peine les vns font-ils au milieu de leur ouurage, qu'vn nouueau
deffein vient fufpendre leurs refolu-
tions ; & aux autres le defir de l'ad-
uenir donne vn grand dégouft des
chofes prefentes. On void ordinairement que d'vn trauail ils fe iettent
à l'autre : & c'eft auec raifon qu'on
les cópare à ces fiéureux qui fe tour-
nent fouuent du cofté droit fur le

gauche, & du cheuet du lict vers les
pieds, ne trouuans ny bonne assier-
te, ny place commode, tant la violence du mal leur rend toutes choses ennuyeuses. Tout le monde pres-
que reconnoist ces defauts, mais
quoy ! au lieu que la raison les deuroit retenir, ils se conuient eux-
mesmes à suyure l'exemple & la cou-
stume. S'ils n'estoient pas en la foule, ils croyroient estre en la prison,
& leur ame secoüant sa propre liberté, s'impose les loix de sa seruitude.
Chose estrange, que l'auarice ayt ses
affamez d'or & d'argent ; la seule
pensée d'vne gloire imaginaire, ses
chercheurs d'occasions à prodiguer
leur sang & leur vie; l'infame volu-
pté, ses suyuans qui abandonnent
leur ame à la mercy de mille ennuys
pour des fausses delices; que l'on se
presse à la porte des vains honneurs;

bref que des occupations de neant
amufent beaucoup d'hommes, &
que les fentiers par où l'on peut aller à vn doux & aymable repos, ne
foient frayez de perfonne! Ie tien-
drois en quelque façon heureux
ceux-la qui s'affligent d'vn grand
foin, & qui embraffent des trauaux
penibles, s'ils leur fuccedoient à
quelque bien ; mais combien s'en
faut-il qu'ils ne paruiennent au but
de leurs defirs? Apres auoir plufieurs
fois commencé leur labeur deuant
le iour, l'eftendans bien auant dedans la nuict; apres auoir reffenty
pendant le cours de plufieurs années des inquietudes extremes, fans
que les tenebres y apportaffent de
tréue, ny le fommeil de relafche; en
quoy peuuent-ils faire voir le fruit
de leur employ, & quel gain rem-
portent-ils de leurs fatigues ? Tant

que l'homme trauaille il n'est poinct
à son aise, puis que l'aise est la fin de
son trauail ; & pendant que son esprit recherche quelque bien, il ne le
possede pas encores. Mais quand ce
bonheur luy arriueroit de le posse-
der, iusques à quel temps s'en esten-
droit la durée ? Est-ce pas se mettre
en peine pour vn moment, & aspi-
rer à vn bien dont lon n'a point le
loisir de gouster les plaisirs, ny les
commoditez de la ioüyssance ? Oüy
certes : les iours des hommes sont en
petit nombre, & à peine sçauroit-
on remarquer de l'espace entre leur
Printemps & leur Hyuer. Neantmoins, pour courte que soit nostre
vie, nous y pouuons apperceuoir
plusieurs generations qui se suyuét,
les vnes aduançant leurs pas sur la
fuite des autres. Car aussi bien que
nous, l'vniuers mesme trauaille ;
mais

Generatio præterit, & generatio ad uenit. Terra autem in æternum stat.

mais il fait par contrainte ce que nous faisons de noſtre bon gré. Puis c'eſt pour l'homme qu'il eſt en peine, là où l'homme s'y engage ſans aucun ſuiet;& partant il ne doit point prendre excuſe de ſon agitation ordinaire ſur l'exemple de toutes les choſes qui ſont à l'entour de luy:car ſi elles auoient de la connoiſſance & de la liberté, peut eſtre auroit-il occaſion de ſ'en plaindre, eſtant croyable que voyans les déreglemens des hommes, elles ne ſe pouſſeroient pas l'vne l'autre comme elles font, afin de ſe venir mettre entre leurs mains, & ſe liurer à l'vſage de leur neceſſité ou de leur volonté.

Doncques, toute la ſubſtance des choſes eſt en vn flux continuel. La generation enfermée entre la corruption qu'elle quitte, & le neant

qui est deuant elle, trauaille à sa propre ruine, & ne pouuant se reduire
en l'vne reuient en l'autre : sembla-
ble à ces grands ouurages de Faueur
& de Fortune, qui se voyans hors de
comparaison auec les plus releuez,
& en vn lieu où ils ne peuuent estre
offencez de personne, se dressent
eux-mesmes les moyens de leur dis-
grace, & retombent en la condition
des plus miserables. Du sein de ceste
corruption sort vne autre generation : C'est vn serpent qui mange &
vit de sa propre queuë : C'est vn
Phœnix qui renaist de ses cendres :
& cela en si peu d'heures, que quand
vne generation passe, l'autre arriue.
Voyla de quelle maniere se changent les pieces du monde : C'est ainsi que la vie & la mort courent l'vne
apres l'autre sur toutes sortes de sujets : & si nous voyons tousiours vn

mesme visage à quelques corps, as-
seurons nous qu'ils seruent au changement de tous les autres. La terre
est veritablement estançonnée sur
soy-mesme, balancée au milieu de
l'air sans contrepoids, & immobile
à toutes les secousses de l'Vniuers:
mais comment pourrions nous connoistre le mouuement, s'il n'y auoit
quelque chose de stable ? Comme
on dit que la prunelle &les humeurs
de nos yeux sont priuées de couleur
particuliere, afin de receuoir les autres sans alteration, & tous nos or-
ganes destituez de la qualité de leurs
obiets propres, pour estre plus ca-
pables de leur impression naturelle;
ainsi la terre ne doit auoir en sa mas-
se aucun changement, puis qu'elle
est comme le champ où tous les autres s'exercent. C'est le berceau & le
tombeau de toutes choses : elle leur

preste des langes à leur naissance, &
leur sert aussi de drap mortuaire
pour les enseuelir. Qui plus est, la
vie des hommes n'est qu'vne co-
medie, chacun y ioüe son roolle; &
la terre estant leur theatre, il ne seroit pas bien seant qu'il se mût auec
les acteurs. Aussi demeurera-t'elle
fixe pendant leur continuelle agitation, ainsi que le centre d'vne Sphe-
re appuyée sur ses piuots, qui ne se
ressent point du bransle de son cercle, ny de ses rayons.

Quant aux autres choses qui sont
inaccessibles aux efforts de la generation, elles ne le sont pas à ceux du
changement de lieu en autre. Si ces
grandes voûtes celestes se monstrét
plus solides que le diamant aux at-
teintes de la corruption, & ont veu
passer tous les siecles sans auoir la
moindre ride sur leur face; au moins

ce n'a pas esté sans en estre esmeuës.
Elles roulent d'vn mouuemét dont
l'on ne sçauroit imaginer la vistesse :
& il s'en faut tant qu'elles puissent
auoir vn seul moment de relasche,
qu'elles cesseroient aussi-tost d'e-
stre que de se mouuoir. Le Soleil
qui est le plus riche ornement de la
Nature, & sans qui la beauté de l'v-
niuers ne paroistroit point, n'a pour
cela aucun particulier priuilege. Son
pauillon est tendu au milieu des
Cieux ; de là comme le pere de fa-
mille de tous les astres il les regarde
& leur communique sa lumiere ; &
toutesfois il n'est pas exempt de leur
couruée. Le temps & luy eurent vn
mesme instant de naissance, & vne
mesme mort les attend : tant que le
temps durera, le Soleil aura le con-
tour du Ciel pour carriere, le Leuant
& le Couchant pour limites, & la

vicißitude des iours & des saisons
sera son ouurage. Si des Cieux nous
descendons en la region elemen-
taire, qui nous doit estre d'autant
plus connüe que nous en sommes
plus proches, qu'y pourrons nous
rencontrer qui ne soit sujet à quelque trauail? De tout ce qui est con-
tenu dans son estenduë le vent est le
plus fort: égaler la cime des tours à
leur fondement, & le chef des pins
à la hauteur de l'hysope sont ses
moindres effects; il traine par maniere de jeu des torrens de pluye en
l'air; lors qu'il se courrouce contre
la mer, il porte ses flots si haut qu'il
en mesle les eaux auec celles des
nües; & quand il est renfermé dans
la terre, il la fait trembler & luy cre-
ue le sein afin d'en sortir. Mais il ne
fait pas toutes ces choses de pied
ferme; au contraire sa plus grande

force eſt en ſon mouuement, qui le
tournoyant çà & là, ores de l'Oriét
à l'Occident, ores du Midy au Se-
ptentrion, abbat tout ce qui s'op-
poſe à ſa violence. Qu'arriue-t'il au
bout de ſa courſe? Il luy faut deui-
der vne nouuelle fuſée; le meſme
champ qu'il a couru luy eſt derechef
ouuert : ce ſont les loix de l'vniuers;
il a beau haſter le pas, & redoubler
ſon ſouffle, il ne trouue point d'iſ-
ſuë, ny de lieu de retraitte où il ſe
puiſſe repoſer. Que diray-je des
fleuues dont les vns ſe rendent dou- *Omnia flumi-*
cement, & par vne voye oblique *na intrant in-*
mare, & ma-
re non redun-
dans ce vaſte Ocean, & les autres y *dat : ad locum*
deſchargent leurs viues eaux d'vne *vnde exeunt*
flumina re-
roide courſe? La mer pour cela n'en *uertuntur, vt*
iterum fluant.
franchit point ſes barrieres, ſon ſein
enflé ne ſe desborde pas ſur ſes ri-
ues : car il y a vn moyen naturel qui
fait reſoudre ce grand amas d'hu-

meurs. Des conduits ſouterrains les reçoiuent dans leurs côcauitez pour les reporter à leurs ſources: de façon qu'vne riuiere ne ſort de ſon lict que pour y retourner, & n'entre dans la mer que pour en ſortir, s'exerçant en vn continuel mouuement de lieu en autre.

Que les choſes changent en trauaillant, ce qui entretient la curioſité des hommes : Mais que rien ne ſe fait de nouueau.

SECTION II.

CELVY qui voudroit deduire exactement toutes les choſes qui trauaillent ſans ſe donner repos, ou ſans le pouuoir obtenir de la Nature qui les a engagées à ceſte neceſſité, n'auroit ia-

mais fait : car non feulement les
fiecles, les années & les mois, leur
apportent de l'alteration : mais les
iours, les heures, & les minutes mefme, peuuent éclorre de prodigieux
changemens, par le choc continuel
de tout ce que nous voyons, dont
vne partie trauaille à s'accroiftre de
la perte de l'autre. Et cefte agitation
perpetuelle ne fe remarque pas
aux feuls corps compofez, où la
fanté aboutit à la maladie, & la vie
à la mort, qui par apres font accueil-
lis de la pourriture, d'où ils viennent
à vn nouuel eftre : mais encores on
la void en ces corps purs & fimples,
ces elemens, racines & premiers
membres de toutes chofes, qui dedans leur maffe fans meflange, ref-
fentent des affections de fe tranf-
muer les vns aux autres, & fe difpo-
fenr à fouffrir toutes les formes qui

arriueront, tant c'eſt vne choſe naturelle que de trauailler. Ces labeurs
& ces mouuemens ſans fin de toute
la Nature ſont la cauſe de noſtre
ignorance: & c'eſt auſſi d'où proce-
de noſtre curioſité. Car noſtre ame
n'a iamais de repos que dans la co-
gnoiſſance de ce qu'elle pourſui-
uoit: mais en ces choſes qui varient
à tous momens, & qui ſont autres à
la fin de ſa ſpeculation qu'elles n'e-
ſtoient au commencement, où peut-
elle trouuer quelque fondement
pour s'arreſter? Certes il n'y en a aucun: & c'eſt pourquoy noſtre œil ſe
peut bien laſſer de ſon exercice, mais
non pas s'en ſaouler, dautant que la
diuerſité des obiets qui s'offrent à
chaque mouuement de ſes prunel-
les, luy donne touſiours de nouuel-
les curioſitez. Il en eſt de meſme de
nos oreilles qui ne receurent iamais

tant de sons, & n'entendirent iamais
tant de choses , qu'elles ne fussent
prestes d'en ouïr dauantage : & de
mesme encores de nos autres sens,
à qui la varieté de ce qui se presente
à eux, aiguillonne & tient la fon-
ction en haleine.

C'est toutesfois le seul changement des choses ordinaires qui ex-
cite leurs desirs, & réueille leur actió
de moment en moment, & non pas
la nouueauté : car l'ordre du monde
ne consiste qu'en vn flux & reflux
de mesmes choses ; & çe n'est qu'vn
cercle qui tourne incessammét sans
rien cacher de ce qui est ordinaire;
& sans mettre en euidence ce qui
n'a point encores esté. Rien ne nous
est rauy, mais seulement interrom-
pu ; & rien ne nous est donné, mais
seulement rendu fidelement par le
temps: comme s'il estoit comptable

Quid est quod fuit ? ipsum quod futurum est. Quid est quod factum est ? ipsum quod facien-dum est.

de la Nature, & pluftoft depofitaire
que maiftre abfolu de ce qui fe void
en l'vniuers. Nous aurons vne preu-
ue infaillible de cefte verité, fi nous
donnons à noftre efprit la liberté de
contempler tout ce qui peut eftre
ou connu, ou reffenty:& conferant
ce que l'âge paffé a veu tant de fois,
auec ce qui eft prefent, nous infere-
rons neceffairement que les fiecles
futurs le feront derechef éclorre, &
que fi les chofes confiderées vne à
vne font mortelles, prifes en gros
elles font perpetuelles.

Le Monde n'eft point rond feulement à caufe de la capacité de cefte
figure, propre à enueloper toutes les
autres, mais auffi à raifon du mouuement, que Nature voulant rendre vniforme, elle ne pouuoit faire
choix d'vne figure plus propre à
cét effet. Or quoy que ce mouue-

ment foit compofé d'infinies par-
celles, fon eftenduë eft neantmoins
limitée par fes retours, & en vne reuolution nous pouuons apperceuoir ce qui fe paffe en toutes les autres. Cent années font voir peu de
chofes du train & de la conduite du
monde au delà de ce que nous en
pouuons apprendre en l'efpace d'v-
ne feule : C'eft toufiours vn doux
Printemps, fuiuy d'vn chaud Efté,
aboutiffant à vn fructueux Automn-
ne, qui traine apres foy vn Hyuer affreux, & capable de ruiner
tous les plaifirs des hommes, fi le
Printemps tardoit longuement à
retourner, pour rompre & fondre
fes importunes glaces. Voir vne
partie des Eftoiles s'abaiffer quand
l'autre fe leue, puis s'auancer vers le
lieu d'où elles eftoient forties, contempler la courfe iournaliere du So-

leil ſuyuie de celle de la nuiċt, qui
plie ſes voiles au retour du meſme
aſtre; ſentir le chaud, puis le froid,
auoir faim, boire, manger, veiller,
dormir; c'eſt voir, ſentir, & auoir ce
qui eſt tombé & tombera en la condition de tous les viuans : Nature
ayant eſtably ſon ordre de la ſorte,
afin que les hommes ne quittaſſent
point le monde à regret, puiſque
l'on y void touſiours meſme choſe.

En la vie ciuile, qui eſt la ſocieté
que les hómes ont recherchée pour
leur bien commun, il n'y a point
d'eſpece de gouuernement dont
l'antiquité ne nous fourniſſe des
exemples. Apres que les premiers
hommes eſpars çà & là, & menans
vne vie ſauuage, eurent quitté leurs
cabanes pour ſe ioindre enſemble,
afin de ſe mieux defendre de leurs
ennemis ; quelques yns d'entr'eux

ne pouuans demeurer dans l'ordre,
il fut befoin d'eftablir des peines à
l'encontre : & en mefme temps on
s'aduifa de donner la puiffance de
les faire executer à celuy qui fut
trouué le plus homme de bien de
tous. Le refpect qu'on rend à la
vertu fut donc le premier degré
par où l'on vint à la Royauté, mais
cela n'eftant pas fuffifant pour con-
tenir les mefchans en leur deuoir,
les Roys furent contraints d'affe-
cter vne conftante feuerité, afin
d'imprimer quelque crainte en ces
ames où il n'y auoit point de bonté.
De là prit naiffance la Majefté de
l'Empire, qui eft & la feureté du
Prince, & le falut des fujets : toutesfois cefte authorité eftant par apres
tombée entre les mains de perfonnes qui en abuferent, les plus habi-
les de l'Eftat remonftrerent à la po-

pulace les mauuais deportemens de
celuy qui leur commandoit, & luy
firent prendre reſolutió de ſecoüer
le ioug de l'obeyſſance. Auſſi toſt le
peuple ſe commit à la diſcretion &
à la conduite de ces grands perſon-
nages, ce qui ne luy reüſſit pas
plus heüreuſement; car (comme on
le reconnut auec le temps) au lieu
d'vn homme chaſſé, il fallut ſubir
la loy de pluſieurs tyrans. Alors fut
partagée entre tous l'authorité ſou-
ueraine: mais leurs propres déreglemens, les meurtres, les ſaccagemens,
les brigandages, & autres violences
de ceux qui penſoient auoir licence
de tout faire impunément, leur ayát
fait voir à leur dommage combien
ceſte ſorte d'Eſtat eſtoit dangereu-
ſe, & qu'vn corps ne pouuoit eſtre
compoſé tout de teſtes; ils retour-
nerent le cercle du gouuernement

&

& reuindrent au Monarchique, le iugeans, sans comparaison, beaucoup meilleur que les autres. Tels sont les tours & retours des Estats passez, & de ceux de ce siecle, où l'on peut encore remarquer ceste reuolution, qu'apres leur establissement par les armes, ils se sont ciuilisez par les lettres, puis enrichis par le commerce. Et les richesses ayant peu à peu ruiné l'ordre, en admettant plusieurs inconnus au rang des plus illustres ; il est arriué, ou que ceste égalité a produit des haines mutuelles, ou que le luxe qui croist à mesure que l'on confere des dignitez à vn grand nombre de personnes, a fait mal aux yeux du peuple miserable qui s'imaginoit voir ses dépoüilles : de sorte que l'on en est tousiours venu aux seditions, puis du trouble au calme, & par

D

apres, tous ces autres accidens du
gouuernement, à ſçauoir l'eſtude,
le trafic, & les dépenſes ſuperfluës,
ont continué la viciſſitude pour
touſiours recommencer.

Quant à ce qui concerne la connoiſſance intellectuelle, il y a long
temps que les ſciences ſont en leur
luſtre, & les arts en leur perfection.
Le ſiecle des inuentions touchant
ce ſujet auſſi bien que des autres
choſes eſt paſſé, & tout ce qui en
porte auiourd'huy le nom, eſt vne
vieille nouueauté. Ce ſont pieces de
rapport dont l'on fait les ouurages:
ſi nos anciens retournoient ils au-
roient droit de nous les demander.
En fin l'on peut dire le meſme de
toute autre choſe, & ceux qui rendent noſtre âge ſeul coupable des
meſchancetez qui s'y prattiquent,
me ſemblent iniuſtes; car les vices

estans comme les vagues que la mer pousse au riuage, & qu'elle retire par apres à soy, il s'est trouué des temps aussi corrompus que les nostres, dont l'on s'est plaint ainsi que l'on fait à present, & comme se plaindront encor ceux qui nous doiuent succeder.

Or combien que le Soleil ne voye plus rien de nouueau, & qu'aucun ne puisse dire, cecy ne fut iamais, qu'il ne parle auec temerité, si est-ce que plusieurs ne font pas ce compte-la en eux-mesmes : & c'est à faute de considerer que le temps ayant esté fait pour mesurer la durée & la memoire des choses, il faut que l'vne & l'autre se perdent dans l'immensité de son estenduë. Ceux qui voyás naistre quelque chose disent, voicy l'ouurage du temps, en peuuent dire autant à sa mort ; & quand pour

Non est priorum memoria, sed nec eorum quidquae postea futura sunt erit recordatio apud eos qui futuri sunt in nouissim[o]

monſtrer la grandeur de quoy que
ce ſoit, on allegue ſa longue durée,
c'eſt donner des aſſeurances de ſa
prochaine deſtruction. L'eſtabliſ-
ſement vient de là meſme par où
la demolition fait ſaillie, tout ſub-
ſiſte par les quatre elemens, & toutes choſes ſe ruinent auſsi par eux.
Vn nombre infiny de grands palais
eſt paſſé par la fureur des flammes;
tout vn peuple a receu la mort par
l'air qu'il reſpiroit, tant il eſtoit em-
peſté; des torrens & des deluges ont
rauagé de belles prouinces ; pluſieurs citez ont eſté englouties par
d'effroyables ouuertures de terre, &
nous n'auons maintenant aucune
marque de tous ces accidens. L'on
cherche des villes toutes entieres dãs
des lacs & des abyſmes ; des plai-
nes autrefois inondées ſont à pre-
ſent couuertes de fruicts; l'on traine

la charruë en des lieux où des tours qui sembloient menacer le Ciel de leurs pointes auoient leurs fondemens; ce qui a esté desert est peuplé; ce qui a esté habité deuient solitude; & les bestes sauuages font leurs repaires de ce que les hommes auoient edifié pour eux. Cependant la memoire en est moins remarquable que n'en sont les ruines, & le souuenir de leur premiere forme sera plustost esteint que ce qui en reste encore sur pied ne sera effacé. C'est la fortune que courent toutes choses: & il peut arriuer qu'vn mesme siecle verra vne belle action publiée en tout l'vniuers, & estouffée par vn iniurieux oubly. A-t'on pas oüy dire souuent que des nations entieres ont fait ioug sous l'espée victorieuse d'autres peuples? & toutesfois les fastes de l'vniuers ne font

mention des vns ny des autres. L'en-
uie des vainqueurs a fait perdre le
nom des vaincus , & ceux-la font
tombez dans l'oubly par la non-
chalance de leurs ſucceſſeurs qui ne
les ont point recommandez à la
poſterité par quelque fameux eſ-
crit. Nous deuons croire que nos
neueux feront le meſme , & que
trouuans en l'eſtat des choſes qui
leur feront preſentes dequoy ſatis-
faire à leur curioſité , ils ne tien-
dront conte des paſſées. Ils feront
ainſi traittez par leur ſuite , eſtans
ſujets à la loy qu'ils auront faite:
mais quand bien ils voudroient
laiſſer aux ſiecles à venir leur re-
commandation , & celle de leurs
deuanciers, le temps ennemy mor-
tel de la memoire empeſcheroit
leur renom de s'eſtendre iuſques
aux derniers âges.

Salomon considerant les vains tra-
uaux des hommes cherche le repos
de l'esprit; pour cét effect il s'ad-
donne aux sciences, mais il n'y
trouue point la vraye felicité.

SECTION III.

VOILA donc comment le mó-
de & tout ce qui en est enue-
lopé est assujetty à la peine & au
trauail; comment l'homme s'y laisse pareillement emporter, quoy
que tout ce qu'il void & ce qu'il
fait ne soit qu'vne suite de mesmes
actions; & comment les choses par
lesquelles il pense eterniser sa reputation se changent, & sont de tres-
petite durée. Et bien que ces considerations ne soient pas de legere
importance aux hommes pour l'e-

Ego Ecclesi-
stes fui Rex
Israël in Ieru-
salem. Et p[...]
posui in ani-
mo meo quæ-
rere & inue-
stigare sapi-
ter de omni-
bus quæ fiu[...]
sub Sole. Ha[...]
occupatione[...]
pessimam de[...]
dit Deus fi[...]
hominum,
occuparent
in ea. Vidi
cuncta quæ
fiunt sub S[...]
& ecce uni-
uersa uani[...]
& afflictio[...]
spiritus.

D iiij

ſtabliſſement d'vne vie bien ordon-
née, ſi eſt-ce qu'il s'en trouue fort
peu qui en veuillent ſerieuſement
entretenir leur eſprit. Pour moy qui
ay deſia longuement commandé
aux Iſraëlites, peuple chery du Ciel
ſur tous les autres peuples de la terre ; qui ay fait mon ſiege de Ieru-
ſalem la plus fameuſe ville de l'vniuers ; qui ay tant de fois conferé
auec les Prophetes, les Sages & l'é-
lite des plus beaux eſprits nais ou
deuenus mes ſujets; qui ay veu des
eſtrangers , & meſme des perſon-
nes Royales venir en ma Cour pour
y prendre vn modele de la leur; &
qui puis dire en fin ſans vanité que
Dieu m'a fait la gloire des Roys, &
le chef de ce bas monde: i'ay creu
qu'en ceſte qualité i'eſtois obligé de
rechercher tout ce qui s'y faiſoit.
Auſſi n'ay-je eſpargné aucun ſoin,

ny oublié aucune addresse pour en
venir à bout. Ie ne me suis pas ar-
resté à la nuë surface des choses,
mais ie les ay considerées selon toutes leurs dimensions, & n'en ay pas
fait simplement quelques vnes l'obiet de mon estude : car ie les ay con-
templé toutes & en tous sens, afin
de connoistre ce qu'elles estoient en
elles mesmes , & quelle affinité &
rapport elles auoient les vnes auec
les autres. Sur tout i'ay fait souuen-
tesfois passer mon esprit dessus les
occupations ordinaires des hommes, i'ay soigneusement pris garde
à leurs deportemens, i'ay obserué
comment Dieu , qu'ils deuroient
laisser presider à leurs actions, estant
abandonné par eux , les delaisse à la
conduite de leurs propres sentimens; i'ay pensé à leur train, à leurs
œuures , & mesme à leurs desirs,

bref de toutes les choſes qui ſe font deſſous le Soleil i'ay recherché à quel deſſein c'eſtoit, quels reſſors on y faiſoit ioüer, quels moyens on tenoit, & quels en eſtoient les ſuccés: A la fin i'ay reconnu que tout n'eſtoit que vent, que nos deſirs n'auoient que des fumées pour obiet, & que noſtre eſprit cruel à ſoy-meſme ſe trauailloit, & ſe mettoit à la geſne pour de pures folies. Et

Peruerſi difficilè corriguntur, & ſtultorum infinitus eſt numerus.

ce qui me ſemble plus faſcheux en vn fait ſi deplorable, c'eſt qu'à peine y ſçauroit-on apporter aucun remede. Les hommes ont vne ſi grande diſpoſition au mal, que pour peu que la raiſon dorme ou ne ſe roidiſſe pas, elle ſuccombe deſſous l'effort des paſſions. Outre la contrarieté qu'il y a entre ce qui eſt bon & ce qui eſt mauuais, il y a encore ceſte difference que le mal

nous entraine aifément, & que le
bien ne nous attire qu'auec de la
difficulté. Noftre ame d'ailleurs pan-
che toufiours deuers la pire partie,
dautant qu'ayant nos fens inte-
rieurs auffi bien que les exterieurs
pour guides en fes actions, elle fe
laiffe mener à leurs appetits qui
font ordinairement vicieux. L'on
vieillit dedans ces déreglemens, &
de telles inclinations fi deprauées
l'ame en ayant formé des habitu-
des, il faudroit refondre la nature
des hommes auant que de la pouuoir corriger, tant il y a d'imperfe-
ction & de tare en toute la maffe.
Que fi l'on ioint à ces confiderations, combien la force des exemples & de la couftume a d'aduan-
tage fur celle de la raifon, le mal
en femblera totalement incurable.
Car les hommes font imitateurs

les vns des autres, ils se prestent l'es-
paule en leurs folies, & pour estrange que puisse estre l'opinion de
quelqu'vn, elle ne trouuera que
trop de partisans. Qui a veu quel-
quefois vne émotion de la popu-
lace, où tous s'arment de la premiere chose qui leur vient en main, où
chacun court en suiuant son com-
pagnon, où plusieurs ne respirent
que rage sans sçauoir contre qui, ny
pourquoy, a veu l'image de la vie
humaine : c'est vne foule où le premier qui se fouruoye fait égarer
ceux qui viennent apres, & où tous
se soustiennent l'vn l'autre ainsi que
les pierres d'vne voûte, comme pareillement ils viennent à tomber
par la cheute de l'vn d'entre eux.
S'il est donc vray que les hommes
soiét naturellemént enclins au mal,
& suiets à l'erreur, & s'ils se confor-

ment ordinairement entre eux viuans fur le patron l'vn de l'autre, &
fe refpondans comme l'efpece qui
eft au miroir fait à fon obiet , ay-
mans beaucoup mieux faillir par
exemple, que faire bien par raifon:
c'eft vne chofe indubitable que la
folie eft la plus vniuerfelle de leurs
qualitez , & qu'il y en a bien peu
qui puiffent efchapper à fes attein-
tes. Mais pour reprendre le fil de
mon difcours, fi toft que Dieu m'eut
éleué au throne d'Ifraël, il doüa mó
efprit d'vne finguliere addreffe , &
d'vne viuacité qui m'eftoit iufques
alors inconnuë, il enrichit mon a-
me d'vne intelligence releuée , &
l'honora de la Sapience qu'il n'a-
uoit donnée à aucun des humains.
Efclairé d'vn flambeau fi lumineux,
ie ne veux plus errer, ce dif-ie, comme les autres, il eft temps de me ti-

rer du milieu de la troupe puisqu'
i'en suis le chef ; faisons en sorte que
nostre merite égale nostre condition. La cholere de Dieu s'éleue-
roit iustement contre moy, si ie ren-
dois ses faueurs inutiles ; cherchons
doncques par le moyen de ceste Sapience, en quoy consiste la souue-
raine felicité.

Dedique cor meum vt sci-rem pruden-tiam atque doctrinam, errorésque & stultitiam, & agnoui quod in his quoque esset labor & afflictio spiri-tus.

Là dessus ie pris resolution d'ap-
pliquer mon esprit à la recherche
de l'humaine sagesse, & à l'estude
de la doctrine ; & mes soins firent
qu'en peu de temps le succés sur-
passa mes esperances. Il me sembla
bien que les sciences se peuuent
comparer aux filles de bon lieu,
qui se plaisent d'estre caressées des
grands Seigneurs : car elles se ren-
dirent facilement à mes desirs, &
i'en obtins la iouyssance, qui me
combla de tres-honnestes conten-

temens. I'appris dans leur conuer-
sation les faueurs qu'elles distri-
buoient à ceux qui les cherissent,
que ie iugeay aussi tost extreme-
ment souhaitables. Les hommes,
me dirent-elles, n'ont rien de si propre que l'vsage de leurs opinions:
& toutesfois lors qu'ils nous ont
negligées, l'ignorance venant à s'en
rendre maistresse leur imprime vne
lascheté, ou vne temerité, selon laquelle leur volonté se laisse aueu-
glément emporter. Que s'ils ont
recours à nostre ayde, nous chas-
sons les nuages grossiers qui enui-
ronnent leur esprit, & alors ils ne
suiuent que ce qui a de la bonté, &
de la verité. Nous moderons l'ex-
cés de leurs ioyes en leurs prosperi-
tez, nous adoucissons leurs frayeurs
en l'attente des infortunes, ou de la
mort, & plaçant leur ame en vn

lieu fort éleué nous leur monstrons
à descouuert toutes choses, afin que
les connoissant exactement, ils n'entrent plus en admiration lors qu'elles viendront à leur rencontre. La
raison baille à l'homme vn empire sur tous les animaux, se seruant
neantmoins pour cét effect, ou de
ruse, ou de force : mais nous luy en
donnons vn dessus les hommes
mesmes, qui s'y viennent ranger
doucement, volontairement, &
sans aucune violence. En fin ils ne
peuuent se rassasier des douceurs
que nous leur presentons, & autant que leur entendement est pre-
ferable à leurs sens corporels, autant les plaisirs que nous leur faisons respirer sont au delà de ceux
qu'ils peuuent receuoir d'ailleurs.
C'est en vn mot le discours qu'elles me tenoient, me monstrant au
surplus

ſurplus combien l'ignorance leur
ennemie eſtoit ſotte, éceruelée, opi-
niaſtre, vaine & vicieuſe; de combien de monſtres horribles & meſ-
chans elle eſtoit accompagnée, &
combien dangereux eſtoit le poi-
ſon dont elle infectoit ceux qu'elle
ſurprenoit. En effet ie la trouuois
épouuentable, & il faut pourtant
que i'aduoüe que les ſciences ne
me ſemblerent point le ſouuerain
bien que ie recherchois. Elles e-
ſtoient accompagnées de ie ne ſçay
quel orgueil & faſte deſdaigneux,
leurs graces n'eſtoient pas naturel-
les, & ie remarquois trop de ſeue-
rité en leur viſage, en leurs geſtes,
& en leurs actions. Quiconque ſe
les rendra familieres y deſcouurira
ſans doute les meſmes defauts, &
dira ſi ſon iugement n'eſt point
preoccupé d'erreur, qu'il y a bien

E

*Eò quòd in
multa ſapien-
tia, multa ſit
indignatio; &
qui addit
ſcientiam,
addit & la-
borem.*

du chagrin meſlé en la poſſeſſion
de l'humaine ſageſſe , & que la
ioüyſſance des ſciences n'affran-
chit pas noſtre eſprit de trauail ny
de faſcherie. Comme ceux qui ont
les yeux clair-voyans, remarquans
beaucoup mieux que ceux-la qui
les ont foibles , les fautes que les
peintres font en leurs ouurages,
tant en la diſproportion de leurs
portraits , qu'en la mauuaiſe appli-
cation des couleurs, des ombrages,
& des rehauſſemens, s'en trouuent
offenſez , pource que la beauté &
la ſymmetrie aggréent naturellement à la veüe : ainſi le Sage ne
ſçauroit voir les folies des hommes, & les maux qu'ils ſe braſſent
eux-meſmes , ſans en reſſentir de
tres-violens & tres-poignans deſ-
plaiſirs. Et ce n'eſt pas en cela ſeulement qu'il trouue des ſuiets d'af-

fliction ; car quand il est besoin
qu'en la conduite generale du monde, & au cours de tant d'accidens
ordinaires & extraordinaires, il face combattre la raison contre les
frayeurs & les troubles dont l'ame
est souuent attaquée à l'impourueu,
qu'il mette la constance aux mains
auec la Fortune, & oppose la Nature tousiours reguliere à la force
des loix qui marchent imperieu-
sement : c'est alors que voyant des
puissances iniustes choquer celles
qui sont legitimes, il ressent des
peines nompareilles ; considerant
que s'il est vray qu'il remporte
l'honneur, aussi ne peut-il s'exem-
pter des trauaux du combat, où il
y a, sans comparaison, plus de maux
à souffrir, que de douceurs à gouster en la victoire. Mais pour le re-
gard des sciences, auec combien de

difficultez y arriue-t'on, & qu'il y
a peu de fermeté & d'arreſt pour y
fonder le ſouuerain bien ! Que l'on
trouue d'empeſchemens deuant les
obiets qu'elles contemplent, que
les moyens deſquels nous nous ſer-
uons ſont debiles, & combien eſt
petite & reſtreſſie la puiſſance que
nous auons pour les connoiſtre !

En la ſcience des choſes intelli-
gibles la ſeule ame s'exerce, & les
ſens n'ont dequoy s'y occuper ; que
ſi noſtre ame ſe trompe qui la pour-
ra corriger ? Elle fait reflexion de
ſon action vers elle-meſme; la choſe & l'image partent d'vn meſme
lieu, & demeurent en vn meſme
lieu, hors de là nous n'auons rien
pour diſcerner l'vn d'auec l'autre ;
& cependant nous l'en croyons,
en vn fait où elle a eſté le teſmoin
& le iuge. Il nous eſt impoſſible

de la conuaincre de fauffeté; mais
auffi n’aurions-nous pas raifon de
la tenir veritable. Car en effet la
connoiffance de l’ame, touchant
cefte matiere, eft ou naturelle, ou
acquife; & fi elle eft naturelle, toutes les ames doiuent d’vn mefme
fujet affirmer ou nier les mefmes
chofes. Que fi elle eft acquife, comment en vn fujet où nous ne fçau-
rions prendre de comparaifon dans
les chofes fenfibles, pouuons-nous
entre tant de differentes opinions
nous rendre à l’vne pluftoft qu’à
l’autre ? Car c’eft vne folie de dire
que cefte opinion eft plus felon l’ordre de la Nature que celle-la, puifque c’eft l’entendement humain
qui fuppofe vn tel ordre, & non
pas la Nature. Il fait des departe-
mens pour toutes chofes, non qu’-
elles foient ainfi ordonnées, mais

E iij

afin de les mieux trouuer quand il
en aura besoin ; & ne s'applique pas
à elles, ains il se les applique. Ne
connoissant point les secrettes
voyes que Dieu a tenuës en l'establissement de ce qui est, il s'en
feint quelques vnes ; & partant il
en parle selon qu'il les a pensées,
mais non pas selon qu'elles sont.
Ainsi content d'vn ordre il n'en
cherche point d'autre, & appuye
son iugement sur des suppositions
imaginaires, & non pas sur des rea-
litez.

Pour ce qui concerne la science des choses sensibles, il y a des
inconueniens en bien plus grand
nombre que ceux-cy. L'esprit humain à cela de nature qu'il craint
superstitieusement à l'abord des
choses hautes, dédaigne de regarder les basses, passe promptement

à cauſe de ſon impatience par deſſus celles qui ſont malaiſées à connoiſtre, reiette celles dont il pour-
roit venir à bout, pource que ſes
deſirs haïſſent de ſe voir bornez,
& tient que heurter l'opinion deſia
receuë eſt vne eſpece d'extrauagan-
ce, tellement qu'il n'eſt pas capable de ſe tirer de l'erreur. Mais
quand d'vn genereux effort il en-
treprendroit de rechercher la vraye
eſſence des choſes, comment pour-
roit-il franchir tous les obſtacles
qui luy fermeront le paſſage? Nous
ne ſçauons rien que par le mi-
niſtere des ſens : & quels repro-
ches ne pouuons-nous point alle-
guer contre leur faux teſmoigna-
ge, puiſque tant de fois ils nous
ont fait paſſer des illuſions pour
des choſes veritables! Qui plus eſt,
celuy qui eſt naturellement chaſ-

fieux, s'il n'a esté aduerty & in-
struit de son defaut, se persuade
voir aussi bien toutes choses que
le clair-voyant ; celuy qui a l'oüye
mousse pense entendre aussi distin-
ctement les sons de la Musique,
comme celuy qui a l'oüye excel-
lente ; & ceux qui ont ordinairement la langue chargée de pitui-
te, n'accusent pas leur goust, mais
la saueur des viandes qu'ils estiment
ameres : ainsi n'estant pas incon-
uenient que tous les hommes
n'ayent les instrumens de leurs sens
infectez de quelque qualité naturelle, dans laquelle les obiets viennent à se détremper & se teindre,
il s'ensuit qu'ils n'en peuuent auoir
vne vraye & asseurée connoissan-
ce. De dire là dessus que l'entendement peut remarquer ou corriger tels defauts, c'est parler auec

peu de raifon : luy-mefme ne fçait aucune chofe que par leur entremife, & du biais felon lequel ils la luy reprefentent. D'ailleurs l'obiet peut eftre autre en foy qu'en l'œil de celuy qui le regarde ; autre en la phantaifie qui en admet l'efpece, qu'en l'œil qui la luy enuoye; & il eft bien croyable encore, que le iugement en reçoit l'impreffion d'vne autre façon, puifque l'imagination l'ayant comme fpiritualifé afin de le rendre conforme à la nature de l'intellect, luy a fait perdre les qualitez qu'il auoit en fa fource : la mefme chofe luy arriuant, que nous voyons au rayon du Soleil reflefchy par plufieurs miroirs, qui a beaucoup moins de chaleur & de lumiere au dernier miroir qu'au premier. Que fi cela eft, voire mefme de tout ce que nos autres sens reçoiuent, comment apres tant de changemens & de desguisemens de formes, pouuons nous connoistre les choses selon la pureté de leur essence, & en iuger selon la verité? Et outre cela il y a encor vne chose bien digne d'estre serieusement remarquée; à sçauoir, que nos sens sont incapables de penetrer dans la substance de quelque corps que ce soit : & mesme que nostre contemplation demeure à la porte aussi bien qu'eux ; tellement que son entretien n'est que du dehors & de la surface. C'est doncques à bon droit que les plus sages tiennent que la verité n'est pas vn bien de facile conqueste, & que tel pense estre arriué aux lieux les plus secrets du temple de la Science, qui est encore à peine sur les premiers degrez du

portique. Pour moy ie tiens qu'au
choix que nous faifons des opinions touchant quoy que ce foit,
nous y fommes pluftoft emmenez
que nous n'y allons : car noftre entendement apporte vne fi grande
complaifance à nos affections & à
noftre volonté, qu'il laiffe fa liberté à leur difcretion , & croid tout
ce qu'elles luy fuggerent. Et pour
toutes ces confiderations ie n'ay iamais voulu tant deferer à la fcience, que de l'eftimer la plus fouhaitable fchofe dont nous puiffions
ioüyr. Il y a trop de peine à fubir
en fa recherche; trop peu de biens
folides à goufter en fa poffeffion;
elle ne fe communique iamais fi li-
beralement & fi ouuertement, que
nous ne reconnoiffions manifefte-
ment qu'elle en cele dauantage

qu'elle n'en monſtre; bref elle nous
inquiete par trop pour meriter le
tiltre de bien ſouuerain , dont la
plus ſinguliere qualité conſiſte à
donner de l'aiſe & du repos à noſtre ame.

F I N.